運命の人をたぐり寄せる恋愛セラピーCDブック

加ヶ美敬子

イースト・プレス

はじめに　心のインターネットを活用しよう

シャーマン・深層心理分析家の加ヶ美敬子《かがみたかこ》です。本書を手に取ってくださりありがとうございます。

まず、この本を読み、CDを聞いていただくと、貴方に何がもたらされるのか？

それは、貴方を幸せにしてくれるパートナーとの縁、「良縁」です。

では、それはどうやってなされるのか？

健全な恋愛には幸福感と安らぎがありますが、それを得るにはまず「心の健全化」が必要であり、それは「潜在意識レベル」という、普段では認識できない心の深いところからなされなくてはなりません(注――貴方が不健全だと言っているわけではありません)。

ただ、人は誰しも1つや2つ、必ず何かしらのネガティィビティ(心の闇や思い癖)があるものです。それが良縁の邪魔をしている場合があります。

なぜ恋愛がうまくいかないのか？

今、パートナーがいる、いないに関わらず、恋愛に不満足、またはうまくいかないと感じているならば、ぜひこのセラピー本を活用していただきたい。今まで恋愛において努力はしてみたものの、出会いやチャンスがなかったり、長続きしなかったり、不和など、失敗してきたのだとしたら、それはもはや潜在意識の領域での問題であったという可能性が高い。

この本はまず、潜在意識とは何かということ、人の心の構造、それらが恋愛においてどのように影響するのかを解説していきます。

潜在意識のさらに深い場所にある「集合無意識」では、すべての人がインターネットのように繋がっています。それを私は、**「心のインターネット」**と呼んでいますが、昔から言われている**「運命の赤い糸」**とは、このことを指すと考えています。セラピストとして、私はたびたびクライアントの潜在意識に潜り、縁の深い順に「検索」をかけパートナーを探し出しますが、やはり縁が深いほど、素敵な恋愛をされると感じます。

運命の赤い糸の原理を知り、ぜひ貴方にも運命の人をたぐり寄せていただきたい！

この本を読みCDを聴くことは、潜在意識クリーニングのセラピーを簡易的に受けたのと同じ効果が得られますが、もし、恋愛がうまくいかないと思うのであれば、それは、頭(思考)で恋愛をしているということ。

恋愛は頭ではなく、「魂」でするべきもの。

この本を通して、心の深いところからそれを理解した時、運命の赤い糸は見えてきます。貴方の赤い糸を見つけ、一緒にたどってみませんか？

さあ、探求の旅に出かけましょう。

加ヶ美敬子とのセッション、スタートです!!

CDの使い方

✣本書のCDは、ユング心理学をもとにしたキャラクターたちが織り成す、ドラマ仕立ての「潜在意識クリアリングCD」です。CDを聴くことで、恋愛がうまくいくことを邪魔している「恋愛ブロック」を外し、心から幸福を感じられる恋愛を引き寄せます。

✣本に書かれた「心のしくみ」を理解し、CDを聴いて、魂が求める運命の人をたぐり寄せましょう！

CDを聴くにあたって

✣リラックスしてお聴きください。

✣眠くなる可能性がありますので、車の運転中は絶対に聴かないでください。

✣P58の「物語について」、P60の「キャラクターの象徴的意味」は、一度CDを聴いてからお読みください。

✣聴き終わったら、P72の「グランディングの方法」を読んで、潜在意識下の自分をしっかりと現実に戻すため、グランディングを行ってください。

もくじ

第1章

運命の人をたぐり寄せる、心のしくみ

Session 1

心の構造

顕在意識と潜在意識

顕在意識と**潜在意識**という言葉を聞いたことはありますか？　人の心の構造を理解するためにとても重要なので、まずこの2つを説明していきたいと思います。

「顕在意識」とは、いわゆる**表面の意識。**

自分で認識して、意思決定ができる心の動き。自分の頭で理解できる目の前にある「現実世界」です。言うなれば、今この本を読んでいると認識している現実としての貴方です。

では、潜在意識とは何でしょうか？

「潜在意識」とは、**自分では認識できない無意識の部分**、いわゆる「裏意識」のこと。理屈で落とし込めない、わきあがってくる感覚や直感です。目に見えない「精神世界」、普段では認識できない、深層心理の部分です。感情や感覚、欲望、想像力といった、インスピレーションの源泉であり、その正体は、自分の体の中に蓄積され、しまわれてきた記憶、ありとあらゆる自分を構成する情報なのです。

私は、

顕在意識を「脳（思考）、リアル」

潜在意識を「深層心理、魂の声」

と呼んでいます。

私たちは普段、自分の頭でしっかり考え、計算し、自分の意思決定のもと、運命を創っていると思っているでしょう。

しかし、それは違います。「運命に翻弄される」「運命には抗えない」という表現がありますが、実は、**運命のストーリーを創り、コントロールしているのは、「潜在意識」**なのです。

潜在意識の在り方、状態ひとつで、幸せな恋愛をするのか、

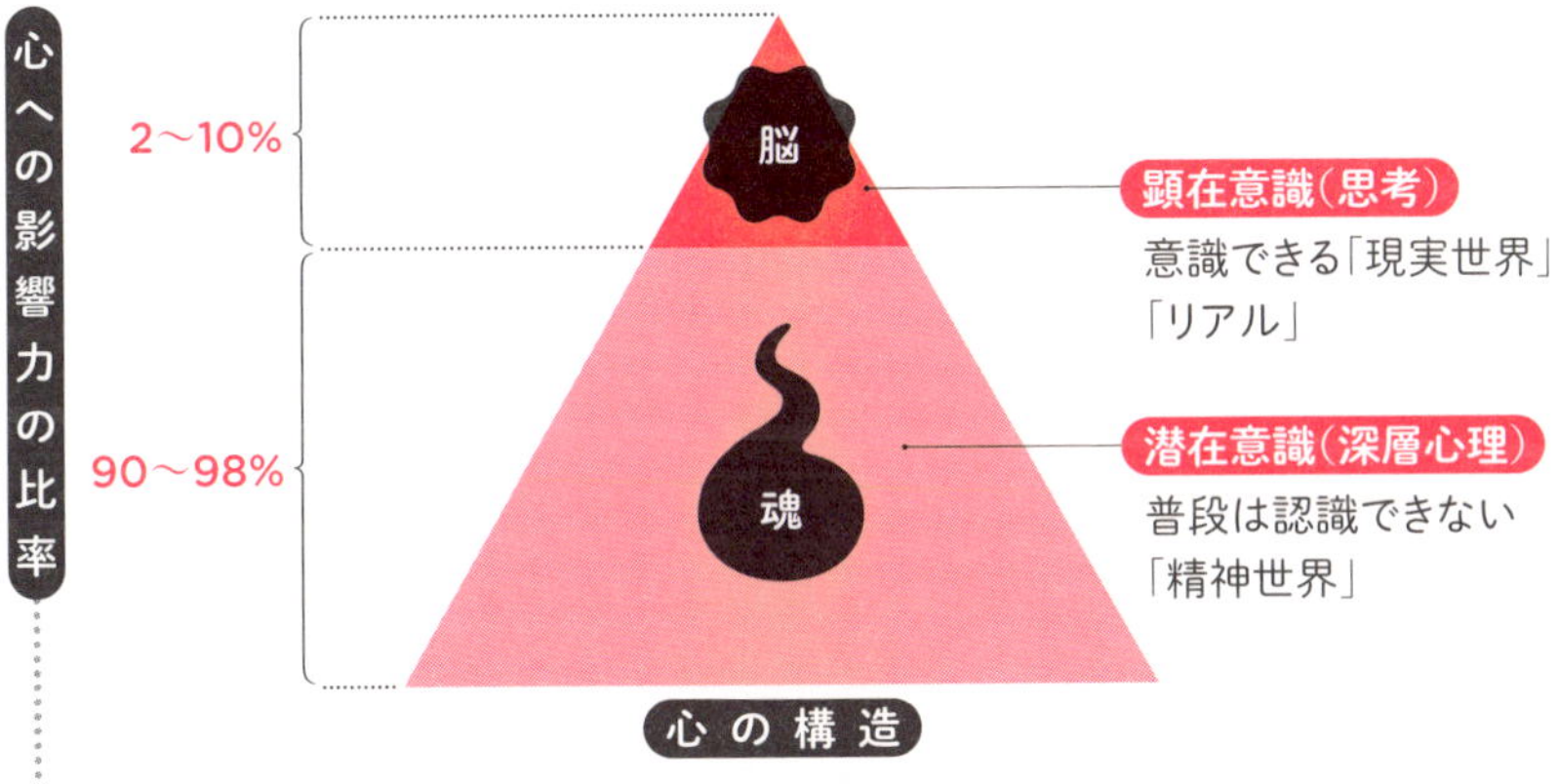

心への影響力の比率
2～10%
90～98%
脳
魂
顕在意識（思考）
意識できる「現実世界」「リアル」
潜在意識（深層心理）
普段は認識できない「精神世界」
心の構造

心、感情の動きの90～98%は、自分の頭では認識できない

不幸な恋愛をするのか、
運命の人に出会えるのか、
出会えないのか、が決まるのです。

運命と潜在意識の関係。このカラクリを、次のセッションで順を追って説明していきたいと思います。

Session 2

2つの人格

表と裏

顕在意識と潜在意識の違いと役割をわかりやすくするために、左の図のように、**リアルちゃん**（表人格）と**魂ちゃん**（裏人格）に分けてみましょう。

思考・理屈・頭
脳
顕在意識
リアルちゃん
現実の貴方
[名前]
心・気持ち
魂
潜在意識
魂ちゃん
魂
精神世界にいる
もうひとりの貴方
（インナーチャイルド・
ハイヤーセルフ）
[名前]
＊自由にイメージして
名前をつけよう！

❤自分なりの絵を描いてみるのもおすすめ！

普段認識できない潜在意識（魂ちゃん）を、思考で認知できるようにするために、貴方の「魂ちゃん」をイメージングして脳内で具現化し、名前をつけましょう。

自分の精神世界に住んでいる、もうひとりの自分を意識したことがない方は、次の要領でイメージしてみてください。

名前をつけたら魂ちゃんの「名前」欄に書き込んでください。セラピーなどでインナーチャイルドに名前をつけたことがある方は、それを書き込んでください。

❶リラックスした状態で目を閉じて、創造の世界で草原を思い浮かべてみてください。

❷そこに、女の子か男の子か、何かしら子どものような存在がいるのを思い浮かべてみてください。なかなか想像がつかない場合は、どこかから子どものイメージを持ってきていただいてかまいません。

❸その子の特徴を覚えておいてください（髪の色、長さ、服の雰囲気［色］、何歳くらいか）。

＊人によっては、インナーチャイルドとも言えるその子は、服がボロボロだったり、異様に小さかったりするかもしれません。痛々しい姿のように映った場合でも、心配なさらないでください。この本のセッションを通してその子が癒やされれば、キレイになったり、成長したり、姿が変化しますので、気にせずに魂ちゃんとして認識してあげてください。

❹魂ちゃんの存在を認識できたら、その子に名前をつけてあげてください。自分の本名とはかけ離れた名前にすると認識しやすいでしょう（ユンちゃん、みーくん、ルチアのような外国名など）。魂ちゃんに聞けば、自ら名乗る場合もあります。また、貴方がつけてあげる名前に対して、その子は首を横に振るかもしれませんし、気に入れば、喜んでみせてくれます。

これができて、魂ちゃんとコミュニケーションが取れるならば、貴方は潜在意識とつまりは、魂（こころ）と対話できる状態ができたと言えます。この先、この「魂ちゃんの認識と対話」が、運命の人と自分を結ぶのに重要になってきますので、名前をつけるプロセスは、今のうちに完了させておいてください。

現実の貴方であるリアルちゃんの心の中に、魂ちゃんが住んでいます。存在の位置関係をロボットアニメで例えるならば、ロボットが顕在意識で、その中で操縦しているパイロットが潜在意識になりますね。

潜在意識は、運命において90%〜98%もの影響力があります。

人生を舞台に例えるとしたら、潜在意識（魂ちゃん）は脚本家のような存在で、貴方の人生のストーリーを作っています。

世界観とストーリーの流れを書いている魂ちゃんは、セリフと行動指示を「主人公」であるリアルちゃんに送ります。

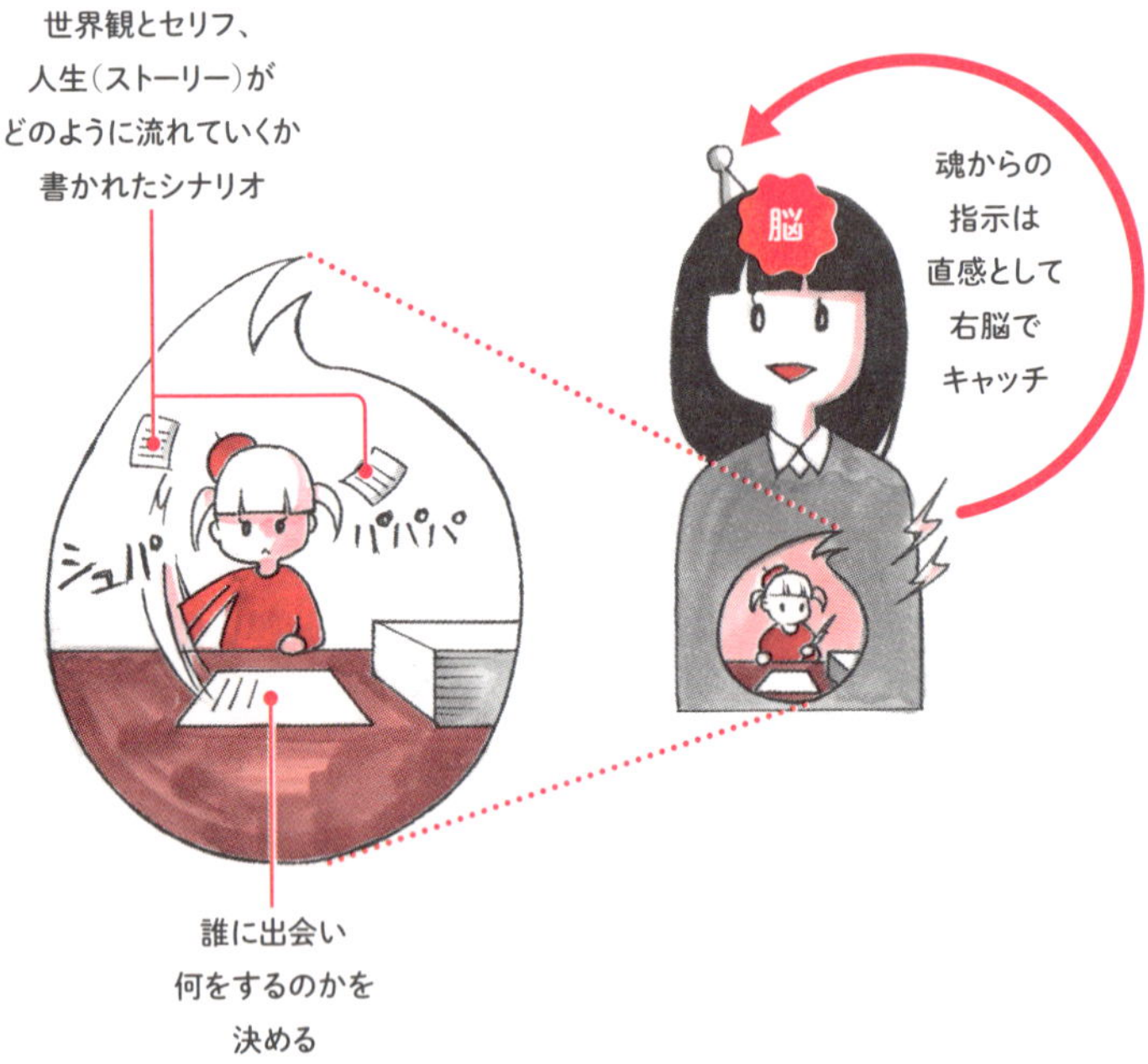

人生を形作る

宿命と運命

魂という存在は、貴方が貴方として生まれる前から環境設定を選びます。環境設定とは、生まれる場所、どういう両親の間に生まれるのか、おおまかな人生の歩み方、

雲の上から親を選んでいる構図

使命と
人生のお勉強をするのには…
あの日本という
環境であの人たちを
パパとママにする!!

その人生においての学び、使命、前世でできなかったことを今度こそ成し遂げるなど、**生まれる前に設ける設定**のことであり、これを「宿命」と呼びます。つまり、**「宿命」は生まれる前から決まっている人生の流れ**、**「運命」は後天的に自分の人生の選択で変えられるもの**です。

スピリチュアルでは、この宿命を「人生の青焼き（ブループリント）」と呼び、西洋占星術や数秘術などでも運勢として現れますが、私はこれを「神様との約束」と呼んでいます。何をするためにこの世に生まれたか、という指針みたいなものですね。

魂ちゃんという潜在意識は、その「神様との約束」に沿ってシナリオを書いていますので、運命の人、出会うべき人々が誰なのかを知っています。運命の人に出会うためのシナリオは、魂ちゃんから直感という形でリアルちゃんの右脳に届き、リアルちゃんはそれを現実で実行するという流れになります。

ですが、ここで往々にしてトラブルが発生します。恋愛がうまくいかない、運命の人に出会えていない人は、このトラブルが発生しているというわけです。

その「トラブル」とは……

リアルちゃんは本来なら、直感でシナリオの指示を受信するはずなのですが、その肝心な魂ちゃんからの指示が、**メンタルブロック**（余計な思考）に阻まれて、シナリオから外れたアドリブで物語を進めてしまいます。

シナリオをリアルちゃんが無視すると、どうなるのでしょう。次のページの漫画をご覧ください。

直感が働かずに
余計な思考が働くとどうなる?

知らないうちにリアルちゃんが運命の人との出会いを避けてしまいましたね。

リアルちゃん(顕在意識)もまさか、直感のサインを無視して運命の人を避けてしまっているとは思ってもいません。とてももったいないことですよね。

運命の人から自分を阻む、余計な考えである「メンタルブロック」。この漫画では、ダイエットでやせなければならないという発想がメンタルブロックでしたが、メンタルブロックとはそもそも何なのか。なぜ発生してしまうのか。メンタルブロックの正体について、次のSessionで説明していきたいと思います。

Session 4
運命の人から自分を遠ざける
メンタルブロック

人は1日に70以上の選択をします。その中でどれだけの人が、余計な思考に邪魔されずに「運命の人」にたどり着くチャンスを得て、本来の幸せをつかむシナリオの通りに動けているでしょうか？

メンタルブロックとは、自分の選択や可能性に制限をかける**「余計な思考」**であり、どうせ無理、できない、といったネガティビティによってできる**「あきらめの思考」**のことを指します。

一見悪いように見えますが、メンタルブロックは、人間に防衛本能が備わっているからこそ生まれてしまうものでもあります。

「これはしてはならない」
「これをせねばならない」
それらの根拠は、経験、または、人に言われたことから来るもの。必ずしもそれが正しく、真実というわけではないのですが、脳が学習する限り、それは知識（データ）

として積み上げられていきます。それが強固になって概念化したものが、メンタルブロックになりうるのです。

先ほど申し上げたように、それが、真実なり、真理なのであれば問題はないのですが、このデータが、時と場合によっては適応されない概念や価値観だったりする場合、それは、自分に制限(ブロック)をかける弊害となってしまう場合があるのです。

「これって、常識ですよね」

「みんながそう言っているから」

なんていう口癖を持っている方は要注意。その「常識」は、貴方だけが持っている、独特な価値観かもしれないし、広い世界から見れば、ほんの少人数の価値観かもしれない。一体**「みんな」とは誰なのか？** どこの統計データなのでしょうか？

生きるほどに、人は慎重に、つまりは頭が固く、頑固になっていくものなのですが、それは、積み上げられてしまったデータ、「可能性に制限をかけるメンタルブロック」によるものなのです。

人が必ずしも正しい情報を取り入れ学習しているとは限りません。その人は、偏見に満ちた情報が飛び交う環境にいたかもしれないし、たまたまそういう経験をしてしまっただけかもしれない。その時、その状況で、たまたま失敗となってしまっただけなのに、「二度とこれをしてはならない。否定されるから、恥をかくから」と学習してしまったのかもしれない。これは、「**恐**《おそ》**れ**」として脳に刻まれます。

違う環境、時期であれば成功したかもしれない。それでも人は、それを失敗としてとらえることで、苦手なもの、避けるべきものとして認識してしまうのです。

「もう傷つきたくない」

「恥をかいたり、批判されたくない」

人はこうして憶病になっていきます。

防衛本能が「苦手だから避けたいもの」を作り、恋愛においてそのメンタルブロックが大きくなれば、コンプレックスになる。このブロックは、仕事や才能や可能性などにも言えるので、私は総合して「メンタルブロック」という言葉をよく使っていますが、この本のテーマのように恋愛に集中したセラピーをする場合は「**恋愛ブロック**」と呼んでいます。

いずれにせよ、自分の恋愛の可能性に制限をかける恋愛ブロックを崩していくことは、運命の人と結ばれるための大きな課題です。

次のSessionでは、メンタルブロックの外し方について書いていきます。

Session 5

メンタルブロックの正体

メンタルブロックとはどのような形で心の構造の中に存在するのか？
それがイメージできるように、次の図を見てみましょう。

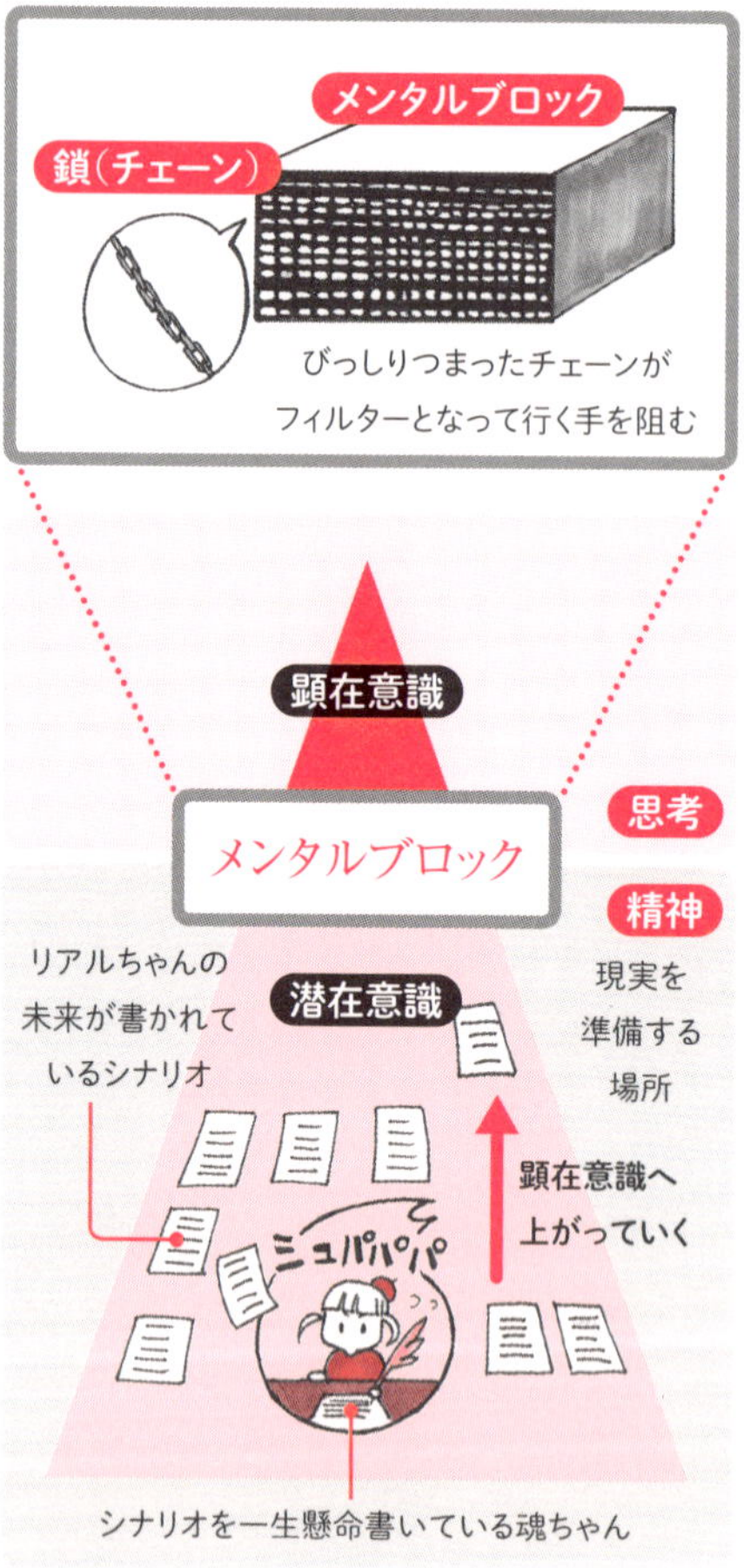

この図のように、潜在意識と顕在意識の間にフィルターのような空間があるとしましょう。この精神と思考の狭間にメンタルブロックは存在します。

潜在意識と顕在意識の間にある本来は筒抜けの箱に、びっしりと鎖《チェーン》がはりめぐらされていたとしましょう。この鎖の正体は、**ネガティブな思考や記憶。**

「どうせできるわけがない」

「無理だ。前に失敗したことがある」

「周りがどうせ反対する」

「社会的に格好悪い」

これら1本1本の鎖が、思い込みによるものであり、我々にネガティブな発想を起こさせ、行動しないマインドに持っていってしまいます。特に多いのは、

恋愛に臆病になってしまうこと。

前に失恋しているとメンタルブロックは作られやすい。もうあんな思いをしたくないという防衛本能が働くからです。失敗体験により恐れとなった思考もメンタルブロックになりますし、親や学校の友人、仕事場、マスメディアにおいて刷り込まれた情報も、貴方のチャレンジ精神を妨害する

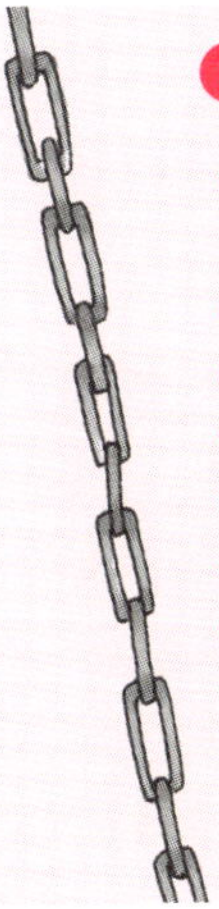

思い込みの鎖

- 自分はかわいくない。スタイルが良くない。
- 恋愛するには歳をとりすぎた。
- お金がない。
- 時間がない。
- 仕事が忙しくて恋愛ができない。
- 重い女だと思われる。
- フラれた自分は魅力がない。
- 「彼氏いらないタイプだよね」と言われた。

etc.…

のであればブロックになります。

ネガティビティの刷り込みは、社会や環境でそこら中にあふれている。アドバイスする人も、悪意があったわけでなくても、その人たちの持つ自信のなさや弱さ、失敗体験やコンプレックスやエゴを知らぬ間に押し付けてくるかもしれません。親や上司、心を許した友人の意見やアドバイスが参考になる場合はあります。ですが、それらが必ず「正しい」とは限らない。だから頭を固くしないように、「思い込む」ことをしないように気をつけていかなくてはなりません。

恋愛においてネガティブな発想というのは、例えば、

「自分はかわいくないから」

「若くないから」

「お金がないから」

「時間がないから」

ということ。こうしたネガティブな感情が鎖のように這っていてシナリオをボロボロにしていきます。役者である自分は、直感でシナリオの内容を拾うわけですが、シナリオがボロボロになっているがために、情報が正しく読めない。

そうすると、リアルちゃん（役者）はシナリオに書かれた魂ちゃんの指示をもらえないので、アドリブで動き、話がねじれていってしまいます。

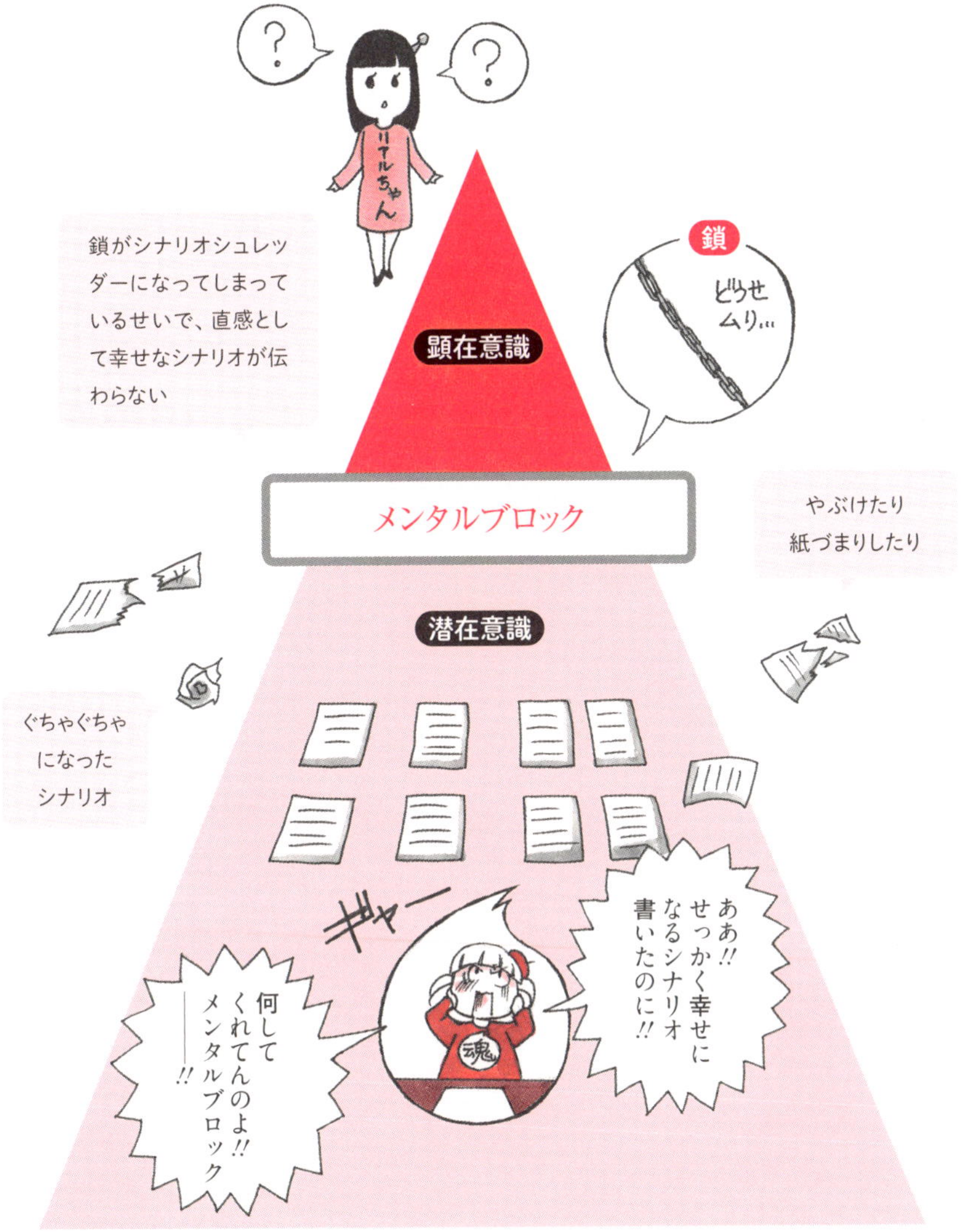

リアルちゃん
鎖がシナリオシュレッダーになってしまっているせいで、直感として幸せなシナリオが伝わらない
鎖
どうせムリ…
顕在意識
メンタルブロック
やぶけたり
紙づまりしたり
潜在意識
ぐちゃぐちゃになったシナリオ
ギャー
ああ!! せっかく幸せになるシナリオ書いたのに!!
何してくれてんのよ!! メンタルブロック――!!
魂

それがうまく運命の人に出会えない原因なのです。

箱がキレイなら、役者は直感を通してシナリオを素直に拾うことができ、会うべき運命の人に正しいタイミングで会うことができます。

リアルちゃんの行動がシナリオから外れ暴走する一方で、魂ちゃんはどうしても、**運命の人に会わせてあげたい。**魂ちゃんとリアルちゃんは、ちぐはぐに対抗し闘いながら、あっちじゃない、そっちじゃないと試行錯誤をしはじめますが、その時魂ちゃんは、役者リアルちゃんの行動を追うようにシナリオを書かざるを得なくなります。

このような摩擦が大きくなり、魂ちゃんが無視され続けると、何が起こってしまうのか？

直感を無視しまくるリアルちゃん

魂ちゃんは怒りを爆発させてしまいます。

魂（潜在意識）が怒った時、現実の倒壊、リアルちゃんにとっての「不運」や「不幸」なことが起きます。例えば、会社が倒産してその場所にいられなくなったり、恋人の浮気が発覚したり、関係が破綻《はたん》したり、様々なアクシデントで、貴方の行くべき道はそっちじゃないよと、現実の現象でサインを出して警告をします。

それは具体的にどういうことなのか？　理解しやすくするために、次の漫画を読んでみましょう。

潜在意識ボイコット
あ〜あ〜 この人は運命の人じゃないのにな〜
なあなあ 俺 今度 社長になるから お金貸してよ
え〜♥
すごーい! これで私 社長夫人? いくら?
あ…ああ まあな 200万 貸してくれたら 結婚してやるよ
ぷく〜…
お金せびるって どういうことよ… 詐欺じゃない でしょーねー
結婚してやるって 何よ 失礼すぎ じゃない? やな男!
はい 200万♡
キ
サンキュー
えっ!?
貸しちゃうの〜!!?

ストレス〜!
もうじれったい!絶対おかしいって気づけ!気づけ!利用されてるぞ!リアルちゃん!!
ダムダム
いや…絶対働いてないよね〜!?
みそ汁つくってる場合!!じゃない
ナニコレ俺カレーな気分なんですけどぉー
ぁごめんね♡
ごめんね♡じゃないわよ!!完全にいばってるじゃないの
こいつ絶対うちらのこと大切にしてないよ!!
彼 冷たいけど……
彼には私が必要なの
はぁあん尽くしてる私ってス・テ・キ♡
チッ
目を覚ませぇぇ!!
現実崩壊ボタン作動
ポチッとな

ドッガーン
HOUKAI
現実へ
最悪のシナリオを積んだロケット
HOUKAI
勤めている会社をクビになり
現実崩壊
彼氏に貢ぐお金がなくなる
ってことでこいつ本命だから
浮気が発覚!!
あんなにがんばったのに
なんでぇえ!?
だからぁがんばる方向性が違うのよ!!
魂
かはっ
体調不良スイッチON
自律神経失調症に…
こうはならないように…
魂の声無視してごめん
ピーポーピーポー
END

不運が訪れたり、うまくいかないことが起きたなら、魂ちゃんの声に耳を傾け、足並みをそろえる努力をしてみてください。魂の声に気づくやり方を、のちのSessionでご紹介しますが、魂は基本、本筋のシナリオに戻そうとしますから、どんなに取りつくろってごまかしても、相手が運命の人でない場合、何かしらの問題が起きてその関係は破綻します。

つまり**「失恋」は、運命の人に向かう軌道修正のための「リセットチャンス」**。破綻や崩壊も一見不幸に見えて、決して悪いことではないのです。

ただし気をつけなくてならないのは、**同じ過ちをくり返さないこと。**心のフィルターが思い込みで詰まったまま、自分の恋愛の悪癖を直さないまま、次の恋愛に行こうとしても、同じことがくり返されて幸せになれません。なので、心に「シナリオシュレッダー」を作らないように、余計な思考である「メンタルブロック」を排除していかなくてはならないのです。

Session 6
心を縛る鎖（思い込み）と自信のなさ

生きやすくするために学習したつもりが、周囲の間違った情報として生まれてしまったメンタルブロック・チェーン。**この鎖を外すには、自分が何に自信がないのか、いつから自信がないのかを、認知することです。**

心の根底の「自信のなさ」が、自分の行動と可能性に制限をかけている。

素直に愛を受け取れない女性

自分に対する自分のイメージが低いと、現実の受け取り方、世界の見え方が変わってきます。過去に貴方を傷つけた、否定した言葉やシチュエーションを恐れる必要はありません。過去の経験則から、同じことが起きたらどうしようと不安に思ったとしても、目の前にいる相手が違うなら、反応も変わるからです。

この4コマ漫画の女の子の場合、かわいいねと言われた時に、疑わずに素直に「ありがとう」と言ったなら、恋愛に発展した可能性もありました。経験やメンタルブロックを積むと、人はどうしても「素直さ」を失います。それは、相手の純粋な思いを受け取らず引いてしまうという非常にもったいない状態です。いつまでも、過去のにがい記憶、つまりは失敗体験にとらわれていてはいけません。

こうして心を閉ざしていて、素直に愛を受け取れないがために恋愛フラグを折ってしまう状況もありますし、失敗に対して憶病になって、愛を表現できなくなってしまうパターンもあります。

次のページの4コマ漫画をご覧ください。このような友人のひと言をきっかけに、間違った学習をしてしまった主人公は、それが思い込みとなって自信を喪失し、自分の行動に制限をかけてしまうようになりました。残念ながら、このように傷つくこと、傷つけられることや理不尽なことは、社会ではよくあります。

メンタルブロックができたきっかけ

自分のメンタルブロックは、誰からの言葉やどんな状況でできてしまったものなのか？　それは必要なものなのか？　それを分析し、客観的に見つめ直すと、思い込みチェーンは外れていきます。日常の中で、できる限り、それをコツコツと外していきましょう。

「自分の力で」メンタルブロックを外すためのメソッドを、ここでご紹介したいと思います。**メンタルブロックを外す自己分析の方法**として、まず、おすすめなのは、「自分の考えや意見」と「他人の意見（他人の影響で出た意見）」に境界線を引き、頭の中を整理すること。

私たちの頭を混乱させるのは、**自分の「本音」と、あたかも常識とでも言うかのよう**

に周囲の人から押し付けられた概念「建前」が、脳内で混ざり合っていることです。カウンセリングにおいて、「それは貴方の意見？　それとも誰かに言われたの？　いつ？」とエピソードを聞き出す作業をします。

過去のセラピーの事例ですが、例えば、

クライアント　先生、私、黒が似合わないでしょう？

加ヶ美　そうなんですか？　私は似合うと思いますけどね。

クライアント　え～、嘘～。先生、お世辞はいらないですよ。

加ヶ美　私は、嘘はつきません。似合わないと自分で思ったのですか？　それとも、誰かに似合わないって言われたのですか？

クライアント　みんなに言われますよ～。

加ヶ美　みんなって誰ですか？　何人ですか？　具体的に思い浮かべてみてください。

クライアント　えーっと…（指を折って数えますが、3本もいかなかった）

加ヶ美　統計データにするには3人は少なすぎますねぇ～（笑）

クライアント　え!!　あれ、嘘!?　3人もいない!!

加ヶ美　大事なことに気づきましたね。私が思うに、他の2人は、貴方の言う

「黒が似合わないでしょう？」という質問に対して意見がぶつからないように「まあ」や「そうかもね」とあいまいに話を合わせてくれていただけかもしれませんよ。

クライアント　……確かに！　では、私は黒が似合わないと思い込んでいただけですか？

加ヶ美　貴方がそれだけ思い込んでしまうには、「きっかけ」があったんだと思いますよ。貴女に「黒が似合わない」と実際に言って、そう思わせたのは誰なのか、思い出してみましょう。いつ、どこで、具体的なエピソードつきでお願いいたします。

この後に出てくるのは、クライアントが、子どもの時に「喪服が似合わない」と母親に言われ、その格好で親戚の前に立つのが苦痛に感じたというエピソードです。彼女のメンタルブロックは「母親の軽口を本気にしてしまっただけ」と認識することで外れましたし、彼女自身、「本音」の部分では、黒い服はスマートに見えるので憧れていて、自分にも似合うものがあるはずと思っていたようです。

貴方も次の表を使って自分の意見と他人の考えを分けてみてください。

他人の考え

黒が似合わない
［言った人：母親］

自分の意見

黒は物によっては似合うと思っている。
スマートに見えてGOOD！

思い込みエピソード

母親に喪服が似合わないと言われた。
ただの軽口だったけれどショックだった。

他人の考え

自分の意見

思い込みエピソード

他人の考え

自分の意見

思い込みエピソード

❤他の紙に書き出してみてもOK！

さて、ここで問いたいのは、**「《みんな》とは誰？」**

《みんな》というのは危険な言葉です。100人以上の統計をとったわけでもないのに、そのあいまいな情報は、知らず知らずに脳内の記憶の改ざんによって簡単に多数化します。本来ならば現実的根拠にもならないのに、多人数を自分の中でイメージするだけで、「みんな」が言ったソレを、支持された意見という妄想によって、事実として勘違いしてしまうのです。

根拠はないけれど、「みんな」という言葉に安心感を覚え、自分の発言、決断に対しての責任から逃れるために、「みんなが言うから」という発言を多用している人をよく見ますが、私からすれば、「常識ですよね」とか「みんながそう言うから」ほど信用できない言葉はないと思っていますし、メンタル的に弱く、ブロックが多く、視野が狭いという印象を持ちます。

この癖を持っている人は、恋愛においても、ビジネスにおいても、「自分の意見を持たない」人として不利になります。モテません。優柔不断なだけだと、他人からの評価は下がります。自分がない人に、人は魅力を感じません。いっそのこと「私が、そう思う」と言い切ってくれたほうが、その人の意見として説得力があって好感が持てますし、かつ信頼できます。

メンタルブロックが外れれば、「自分」が出てきます。この「自分」を、「個性」を誰かが好きになってくれるのです。「自分」を取り戻すために、救い出すために、自分の意見と他人の考えとの間に「境界線」を作らなくてはいけないのです。

他人から言われて、嫌われたくないと萎縮《いしゅく》し無理矢理飲み込んだものなのか、他人から言われて納得したものなのか。その仕分けをしてください。こうして、コツコツと自分の力でメンタルブロックを外していくと、「運命の神様」は時々、メンタルブロックを外すのを手伝ってくれる存在を送り込んでくれることがあります。

メンタルブロックを外してくれる出会い

こうして、自分が何に自信がないのか「気づく」ことで、思い込みチェーンは外れます。**「ああ、私は○○に自信がないのか。だから、こんなこと言ったり、やったりしてしまうのか」**と自己分析をするのはとても大事です。

特に、悲しかったり、腹立たしかったり、**ネガティブな感情は、魂からの「私の声に気づいて」のサイン。**

筆者のようなカウンセラーに分析してもらうのはもちろん、不思議と惹かれる「他人」の何気ない言葉やふるまいから「気づき」を得ると、貴方はより自然な状態に近づくことになります。

自分をちゃんと知り表現できれば、ありのままの貴方を愛してくれる人が自然と現れ、集まります。この自己分析の作業をコツコツと続け、メンタルブロックを外し、成功体験をどんどん積み上げながら、自分に「自信」を作っていきましょう。

Session 7

潜在意識を書き換えて

理想の恋愛をたぐり寄せる

衝撃の事実かもしれませんが、メンタルブロックを外して、フィルターをキレイにしても、魂ちゃんが「素直さ」を忘れすねてしまい、なかなか「幸せなシナリオ」を書いてくれない場合があります。

ではなぜ魂ちゃんは、すねてしまったのか？　魂ちゃんは、今までずっと運命の相手にたどり着くためにシナリオを書いてきました。しかし、それらはメンタルブロックにより却下され続ける。

マッチ売りの
少女な自分
かわいいら…
あんなマゾさん
知らないもらん
どうせ言うこと
聞かないし
幸せのシナリオ
なんて書いて
やらないー！

こうなると魂ちゃんは、

「どうせ幸せになるための企画通らないんでしょ？」

「どうせ悲劇のヒロインやヒーローが好きなんでしょ？」

と、人によっては、すねを通り越して、あきらめ絶望している魂もあります。**魂ちゃんが幸せなシナリオを書かなくなってしまったら大変です。**すねている、または絶望してしまっている魂ちゃんを慰め癒やし、自分の願う幸せなシナリオを書いてもらわないといけないのですが、方法は2つあります。


1つ目は、この本に封入されている、潜在意識に直接働きかけ健全化する、ドラマCDを聴く。

2つ目は、**「今までごめんね。一緒にたくさんがんばってきたよね。そうでしか生きられなかったものね」**と、魂の名前を呼んで語りかけるこ

ずっと
ガマンしてたん
だもんね〜…

とです。

リアルちゃんも魂ちゃんも、いつだって最善を尽くしているつもりでした。何が正しくて間違っているのか、正しいことを教えてもらえない環境で、学習しようがない中で、自分なりに一生懸命学習してきました。

特に子どもの時は、環境を選べません。今まで学習してきたものが悪いわけではありません。**自分の過去を何ひとつ否定する必要はありません。今まで培ってきたものは、良いものでも悪いものでも自分の尊い経験値。**物事を深く理解するために必要だったのかもしれません。**大事なのは、「今」と「これから」**で、大人になったなら、どんな環境だって、自分で選ぶことができるわけですから、自分にとって幸せと思える環境を、状況を、シナリオを選び取る権利があるのです。

これから、どのような幸せをつかみたいのか？　今度こそ「運命の人」に会いたいのであれば、あらためて魂ちゃんとリアルちゃんで話し合っていきましょう。

「どういう人が理想の相手なの？」、**「どういう風に、どんな人と恋愛したいの？」**など、具体的にどう幸せになりたいかをイメージしながら魂ちゃんに伝えると、魂ちゃんの「悲劇をのぞんでいる思い込み」は塗り替えられます。

運命の人はたったひとりと思う人もいるかもしれませんが、運命の人は候補としてたくさんいますし、魂が何を望むかでその候補は変わります。

次のSessionでは、心のインターネットを通じて運命の人候補を検索し、たぐり寄せるプロセスについて書いていきたいと思います。

Session 8
運命の赤い糸とシンクロニシティ

メンタルブロックを外し、心のフィルターをキレイにすると、自分に自信を持てるようになります。この自信は、恋愛においてとても大事です。貴方を魅力的にします。

その段階で、「こういう人に出会いたい」と、魂ちゃんとの示し合わせができると、脚本家である魂ちゃんは、その情報を「心のインターネット」である、**集合無意識**に流します。

潜在意識の奥深くにある集合無意識では、すべての魂がインターネットのような回線で繋がっています。こういう人が理想という具体的なメッセージを、魂ちゃんが心のインターネットを通して他の魂たちと情報共有す

集合無意識トライアングル

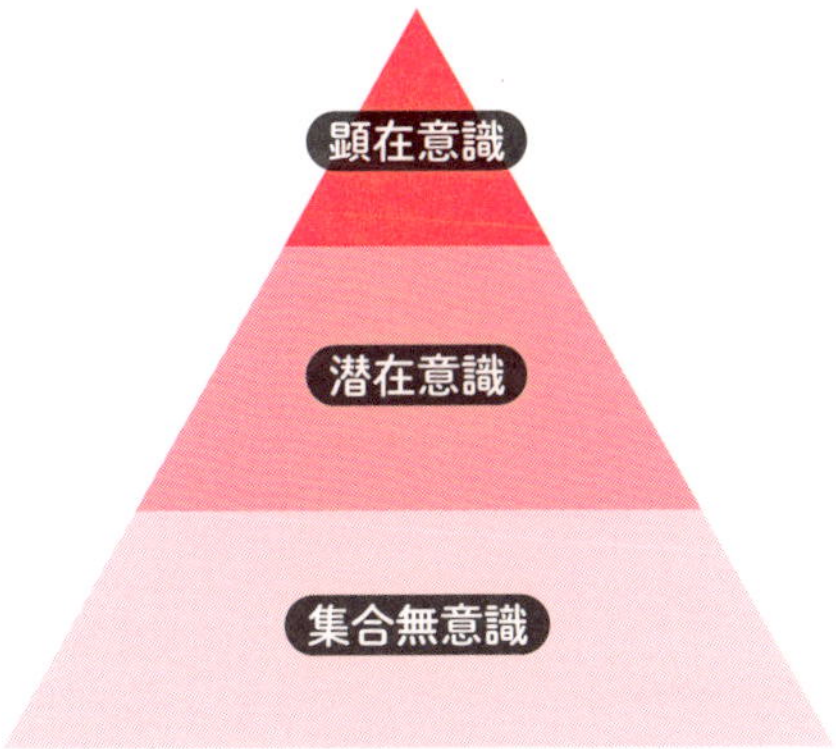

ると、その先で他の魂たちが反応します。そして他の魂たちと「出会いましょう」と約束がなされると、縁は結ばれます。

その赤い糸で結ばれた魂ちゃんたちは、各々のリアルちゃんが出会えるように、示し合わせをしながらシナリオを書きます。

それが**引き寄せの法則**となって、運命の人をたぐり寄せる状態になるのです。

魂ちゃん同士で示し合わせながらシナリオを書いているものですから、リアルちゃん同士で現実での共通点がたくさん現れます。

運命を感じさせるような、偶然の一致、これをユングやスピリチュアルな人たちは**「シンクロニシティ」**と呼んでいます。

リアルちゃんたちは、奇跡のような偶然に、運命とロマンを感じることでしょう。この本を読んでいる皆様に、ぜひ一度体験していただきたいものです。

心のインターネットにアクセス

では、シンクロニシティが起きた場合、それがただの「偶然」なのか、意味のある「宇宙(魂)からのサイン」としてとらえるのか？　悩んでしまうかもしれませんね。

シンクロニシティ part.1

シンクロニシティ part.2

なんでもかんでも意味のないものまで「シンクロ現象」として意味づけしたら、浮世離れしてしまいかねないのは、確かです。ですが、もしそれらが魂や宇宙からの大事なサインだとしたら、見落としたくはない。では、どうしたら見分けることができるのでしょうか？

正直、正解はないと考えたほうが良いかもしれません。

＊専門家で研究している領域でないと判断が難しい。

ただの偶然か必然か、「見極める必要はない」ということです。

偶然が重なって、それに感動を覚えられたら、

「面白い!!」「偶然!!　運命感じちゃう！」

「なんだろう、この現象？　なんでこんなに偶然が重なっているんだろう？」

と、**意識する。**それだけでいいのです。

無視できないほど同じような偶然が何度も重なるようなら、専門家のところに行くべきですし、もし、それが、幸福なものではなく不運を感じられる兆候のものなら、シンクロニシティ以前に魂の悲鳴のサインの可能性もあります。ですがそこはネガティブにとらえずに打開策があるものとして、真剣に心の声に耳を傾けてください。

ただ、大事なのは、「シンクロニシティ」という周りに起こる現象に、**気づける余裕があるかどうか**、それを拾える**直感が生かされているかどうか。**運気低下のようなネ

ガティブな現象だったとしても、流そう、気づかないようにしよう、とすれば、いくらでも、「ただの偶然ね」で流せます。

それを流す行為で感性を殺し、魂の声を聞こえなくしてしまうくらいなら、周りに起こることに敏感に反応できるようでありたい。周囲の情報をいかに拾えるか、楽しめる感性があるかが大事なのです。その、**人生を楽しむ、「今」を感じきり生きる姿勢が、生きる喜びとなってポジティブなオーラを出し、貴方を美しくし、運命の人を引き寄せるのです。**これらの感性が生きた恋愛こそが、**本物の恋愛**であり、自分の力でたぐり寄せられる幸せなのです。

この本を読んで実践をして、貴方の魂が求めた「運命の人」に出会えたとしたら、それは自分の努力でつかみ取ったものですから、その幸せを喜んで受け取ってください。

くり返しますが、人は毎日、70以上の選択をしています。貴方が日々、運命を創っているなら、楽しくて幸せなものにしたいですよね。

第2章 恋愛ブロックを外すCDの秘密

CDについて

潜在意識は、無意識の分野ですので、普段は触れることができません。ですが、自分でそこにアクセスする方法が1つだけあります。それは、寝ている間に見る「夢」です。起きた後も夢の内容を覚えていた場合、それが支離滅裂であっても一応はストーリーになっていて、たくさんの物や動物や人物などがそこに出てきますよね。

夢に出てきたものは、言うなれば、魂ちゃんのシナリオの一部を暗号化したものであり、夢占いでは、それらを解読することで未来を予知します。まだ現実として表面化していないシナリオを、潜在意識下にある暗号のうちに読みとってしまうことで「未来」を当てるというのが、夢占いの原理です。

では、CDを通して「夢」を見ている状態を作り出すことができたらどうなるでしょうか？　実はこのCDには、聴くことで自然と潜在意識に入ることができる効果があります。私は今まで多くのクライアントの恋愛を健全化するべく、潜在意識の浄化と癒やしの作業をお手伝いして参りました。その中で、恋愛ブロックには、ある特定のパターンと暗号があることがわかり、それらを正しく組み合わせると、魂ちゃんに幸せな恋愛とは何かを直接教えてあげられることを発見しました。

この物語には、恋愛に大事な意味を持つ、人や動物などのキャラクターが多数出てきます。そして、物語を聞いているだけで、男女両方の視点から見ても恋愛に対して素直になったほうが良いということを、潜在意識下で伝えることができます。

いよいよ、物語を聞いていただく段階になりますが、この後に描かれている物語とキャラクターの解説は、一度、物語を聞いた後にお読みください。

また、P72より、「グランディング」という、潜在意識に入った魂を落ち着かせる方法を掲載いたしますので、CDをお聴きいただいた後に行ってください。

それでは、**安心しリラックスした状態で、王子と姫の物語をお楽しみください。**

物語について

＊ＣＤを聴いた後にお読みください

この物語は、王子が姫の精神世界（潜在意識）へと入っていくお話です。

王子（男性）視点の場合、自分にとって一番大切なものは何かを見つめ直す物語です。

また、これはユング心理学で言うグレートマザー（太母《たいぼ》）との対話の話でもあります。

グレートマザーとは、男女問わず自分の無意識の中にある母親像であり、理想の女性像を指します。自分の中の女性的な部分やエネルギーも含みます（男でも女でも、男性性と女性性の両方が心の中に存在します）。グレートマザーには光と闇があります。見守る愛といった聖母マリアのような光の側面が強く出れば「マザーライト」となりますが、母性愛が強い衝動と欲望に変わり、支配的で相手を呑み込むほどの破壊的な側面が強く出れば、闇側面である「マザーダーク」となります。母性と献身は、そこに執着と依存がはらめば、境界線が崩れ支配したいという狂気に変わります。これが「呑み込み」という現象なのですが、姫は寂しさから、自分の中の闇に呑み込まれてしまいました。

そんな姫視点でお聴きいただく場合、**姫（女性）は、「男性を信じる心」が必要**になっていきます。信じることが女性の「見守る愛」のバランスをとり、聖母にします。聖母は、女性が相手(男性)の独自の力を信じるといった、成熟した側面です。この物語では、「王子の帰りをもう待てない！　寂しいよ！」という姫の嘆きが彼女の光をかげらせ、闇の側面「ダークサイド」に堕としてしまったのですが、彼女はそれをすごく恥じてしまいます。だからこそ、王子が戻ろうとしても茨を城に這わせて拒絶し、闇の側面である魔女や魔物、蛇などの心象風景のすべてが、自分から生まれたものだということを隠したがります。

そこで王子にとって必要なのは、姫の隠したがるそんな側面すら受け入れることなのです。人は完璧ではありません。男性も女性から逃げてしまったけれど、もし男性が向き合おうと真摯な態度を見せてくれたなら、女性は許す度量を持つことです。

衝突しても、向き合い、許し合う。そうすることで愛は深まります。自分の闇をも見せ、向き合えずにいたことと対峙することが「心の成長」であり、深みであり、それが「真実の愛の扉」を開きます。

本当に欲しいものに手を伸ばす強さを持ちましょう。体裁や建前ではなく心を裸にして本音で愛する。自分からもお互いからも逃げない。これが幸せな恋愛への道です。

人は、素直になれば愛を手に入れることができる。この物語はそれを魂に思い出させてくれるのです。

キャラクターの象徴的意味

＊ＣＤを聴いた後にお読みください

　ここでは、ドラマＣＤに登場するキャラクターの解説をします。解説の中には、「女性性」と「男性性」というキーワードが頻繁に出てきますが、人は男女問わず、男性性も女性性も両方持っています。男性エネルギー、女性エネルギーの両方が、陰と陽のようにバランス良く健全に存在し機能していれば、健康なセクシュアリティ（個人の性のバランス）を保てるので、スムーズな恋愛ができます。ですが、男女問わず、近代、そのバランスが崩れている方が多いのは確かです。

「**真実の愛**」に欠かせないのは、「**愛を与える力**（**男性性**）」と「**愛を受け取る力**（**女性性**）」。このエネルギーは男女問わず、ひとりの人間に、両方バランス良く存在しなくてはならず、そのエネルギーのバランスと成熟度の高さが「運命の相手」を引き寄せます。

このＣＤは、貴方のセクシュアリティバランスを整えます。そうしてはじめて立派な一個人として再誕生するわけですが、その時にやっと運命の相手は引き寄せられます。というのも、**運命の相手とは、自分にないものを補う相手。**セクシュアリティバランスが整ってもなお、性質的に自分がもともと持っていないものを持って生まれた人が「運命の相手」。凸と凹で補完しあう片割れこそが**「究極の相手」**なのです。

次の解説では、男性性と女性性を統合するまでのプロセスに、キャラクターたちがどう重要なのかを説明します。

姫——女性性の象徴

女性性の大事な機能の1つが**「愛を受け取る力」**。

物語では、王子の愛を信じられなくなってしまったことが悲劇を生んでいます。城の周りに出てくる様々なキャラクターや物は、彼女の心の壁、つまりは不信感です。

どんなに「愛している」と伝えられても、それを「信じる」、つまりは「受け取る」ことができなければ、その人の心にとって、その愛は「嘘」になってしまいますよね。そうすると、いくら愛してもらっていても満たされません。**愛を理解し受け入れる機能。**これが女性性なのです。

姫を通して、王子の愛を受け入れていくプロセスを疑似体験していきましょう。

❖王子――男性性の象徴

男性性の大事な機能の1つが「**愛を与える力**」。

物語では、王子は愛の在り方を、王子の務め（現実で言うなら仕事）を果たすことが、姫への誠意だと思い、彼は彼なりの愛を姫に捧げているつもりでした。王子が愛を与えていたのは確かです。ですが、それはどこへ向かっていたのでしょう？　それは、外へ、外へ、外へと。

つまりは、王様（他人や世間）の評価を気にすることにからめとられ、評価を得られれば、姫と自分を満たすことができると信じていました。だけど、どこまで行けば満足できたのでしょうか？　どこまで国を広げても（仕事に成功しても）王子は満足できるはずがありませんでした。

自分が「与えたい愛」は、どこに向かうべきなのか。どういった性質の愛なのか。それを王子と考えることで、「真実の愛」は見えてきます。**愛を与える機能**を持つ男性性。間違った方向で愛を与え続けたくはないですよね。

✣老婆――老賢者、知恵の象徴

老婆が王子にくれるアドバイスは、彼に勇気を与えます。

「おやおや、優しいねぇ」とは、王子の、弱いものを助けようとする品格を評価しています。

ただ、おもしろいのは、老人は物理的には盲目でありながら、王子の本質が見えています。王子の紳士的な優しさは、果たして、彼が「王子」で「公共の場では紳士的であらねばならない」から見せた優しさなのか、困っている人を守りたいという本質的な優しさからきているのか。「おやおや…」には、「さて、その優しさは偽善か良心か、どっちなのだろうねぇ」というニュアンスが含まれています。そんなことすら見通すような老賢人の正体は、**王子と姫のハイヤーセルフ**。つまりは、**彼らが知識や叡智、深い愛と思慮を得た先の、本来の魂の姿**でもあるのです。それなので、幻想のように消えたのです。この物語で老婆と遭遇していた時点で、王子は姫の精神世界（潜在意識の世界）に入っていったことを意味しています。

❖怪物――心の中で抱えている不安や恐れの象徴

これは、姫の拒絶の産物でもありますが、同時に、王子が持つ**無意識の罪悪感**でもあります。姫を放っておいてしまったから、姫の心は死んでしまったのではないかと。「王子が姫を殺した」という魔物のセリフは、姫を傷つけてしまったのではないかという王子自身の怯えを表しています。

魔物や怪物たちは、**王子が向き合ってこなかった自分の心の闇や恐怖の象徴**。外の世界との闘いに明け暮れて、自分の心(姫)とは向き合ってこなかった王子。外面ばかり気にして世間に合わせて、表面ばかり強くなって武装してきた王子。しかし、自分の内面に向き合ったら、実はこんなにも精神的に弱いのかと。心の世界では、物理的強さなど、なんの意味も持ちません。ここは精神の世界。**魂の願いと一致した「覚悟の強さ」が、未来を切り開く強さとなります。**

これこそが、メンタルや精神の本当の強さであり、現実世界での自己実現の強さに比例します。王子の反省とともに、内面に向き合う重要性を感じていただければと思います。

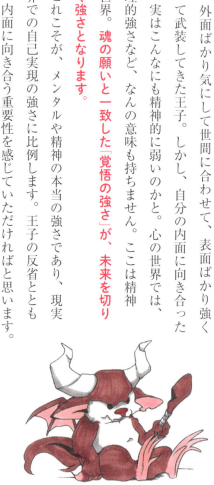

✣リス――恋愛においての道先案内人

リスは、潜在意識セラピーにおいて、よくガイドとして出てくることがあります。夢占いで、恋の発展、婚約、結婚、子どもが授かるなどの吉兆の象徴だからかもしれませんが、リスは潜在意識の世界では、恋愛に関する人格であることは確かなようです。

この物語でリスは、かわいらしい道先案内人のように見えて、実はどんどんと**王子の心の領域を暴く存在**となっています。王子、貴方の愛は本物ですか？　それを試すようにたたみかけるリスは怖い存在でもありますが、愛の本質に向き合う方法をガイドするという意味では愛のあふれるキャラクターでもあります。けれど王子を殺しかけるので、聴いている側からすれば、ただのドSなキャラですね。しかし、生まれ変わるには、精神的に死にかけなくてはならない時もあるので（よくヒーローものの漫画などで、死にかけて本気を出すのと同じように）、これは、王子が大事なことに気づくには必要なプロセスでした。自分は何を大事にしたいのか。**自分らしく生きるために大事なこと**が、リスの質問には詰まっています。

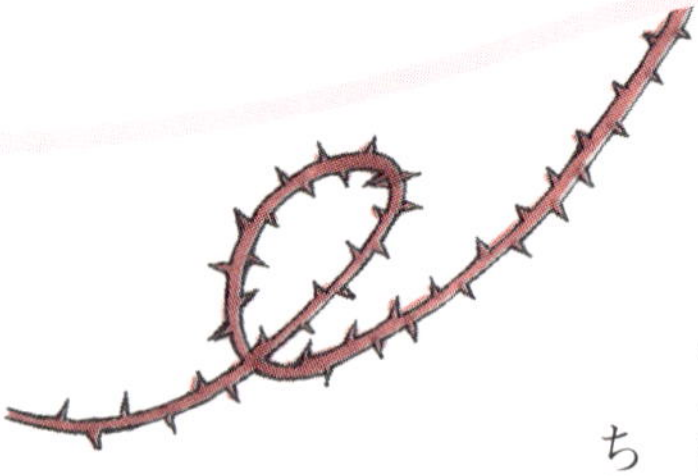

✣茨・トゲ――拒絶の象徴

姫の拒絶を表すと共に、姫と王子の両方が持つメンタルブロックでもあります。やみくもに斬っても仕方がないのは、根本的に考え方を変えなければ、それを取り払うことができないという意味です。必要なものは何かというと、「愛」。姫を思う気持ち（「炎」の項目でその愛が厳密に何なのかを解説します）。

その愛でしか、相手を拒絶するほど傷ついた心は癒やせないのです。武力や勢い、また、ひとりよがりの尖った想いだけでは、相手は頑なになるだけ。相手も、傷つきたくなくて、自分を守ろうと必死なのです。俺の気持ちをわかってくれと、刃物をふりまわすような行為は、ただお互いを傷つけるだけなのだと、茨は主張しています。姫が最後に叫ぶ、「貴方を傷つけたいわけではなかった！」とは、この茨を使って拒絶せずにいられなかった自分に対しての嘆きでもあります。

✣炎と松明《たいまつ》――生命エネルギー、情熱の象徴

炎は生命エネルギーを意味し、心から湧き上がる情熱の象徴です。この物語では、本能に近い激情的な愛の想いで、魂を浄化するプロセスとして茨を焼きはらいます。

再生を意味する炎。愛を再生させたいという情熱がどれほどのものかを、魔法の松明の存在は試していました。**ひとりよがりな愛ではなくて、「もっと相手のことを知りたい」という想い。**君は今何を求めているの？　相手のことをもっと知りたいという願い、相手の欲しい愛を伝えて、満たして、喜ばせてあげたいという想いこそが、相手を真に想う愛です。ひとりよがりにきっとこうだろうと愛を押し付けるのではなく、**コミュニケーションを取り、相手を理解したいという切実な想い**が、王子の真実の愛であり、本音であり、愛の架け橋となるから、茨が消え去るのです。相手を見て、相手があって、はじめて恋愛は成立するのだということを、その情熱がなければ、何もはじまらないのだと、この炎は表しています。

蛇――死と再生の象徴

蛇は王子の**心の中の矛盾や葛藤**を表します。この物語では、王子には様々な葛藤があります。王の言われるままに、自分で考えることから逃げて、姫の気持ちを考えられなかった自分。それが最善の策だったと信じて走ってきた自分を崩し壊すことは、とても恐ろしく、勇気のいること。まったく新しい概念を持った自分に生まれ変わることは容易ではありません。ましてや、その先に何が待っているのか想像もつかない場合、すくんでしまうことがあるでしょう。

蛇はラテン語でこう問います。「自己の「死」は恐ろしくないか？　死ぬ「覚悟」はあるか？」と。**精神的な死があって、深い反省と変化を望む気持ちがあって、人ははじめて「変わる」ことができます。**

今までの自分が信じてきたものを捨てる行為。それに対する迷いが、蛇の姿として彼の前に立ちはだかりました。そして、それを斬りつけて自由になるということは、自分を縛りがんじがらめにする思考の黒い縄をほどき、メンタルブロックという思い込みの鎖から解き放たれるという意味です。こうして人は、自分の限界という壁を超えることができるのです。愛を守るために「覚悟」を持って大蛇を斬る時が、親や周囲に流されず、自分の考えと覚悟を持って進める、強く成熟した男に生まれ変わる瞬間なのです。

王様――権力と支配、社会的強者の象徴

王様は、社会の重圧などを意味します。メンタルブロックの原因でもあり、男とは「こうあるべき」とか女は「あああるべき」とか、**いつの間にか作られた「社会のルール」というものの権化**です。ですが、物語を聴いていて、この王様の概念に「古さ」を感じませんでしたか？「女のくせに」など。これは、プレッシャーを与え、支配したいと

いう他人のエゴのパワーです。王様は、本当に姫の幸せを考えていたでしょうか？　それよりも、国を広げ、たくさんの土地（お金）を手に入れることに執着しているように見えます。王様という立場だからでしょうが、無責任なほど、姫や王子の個人の幸せやその心には無頓着です。エゴと欲望にまみれた力。これが、私たちの魂や本当の個人の想いを見失わせるのです。王様を通して、今一度客観的に、大人の事情、個人の事情を俯瞰《ふかん》してみると、なぜメンタルブロックができてしまうのかが見えてきます。

魔女――復讐心、怒り、悲しみなど、女性の闇の象徴

もう傷つきたくないという姫の防衛本能であり、王子という男性に抱いた不信感を形にした人格です。こうした異性への不信感は恋愛だけでなく、裏切られたと感じた、ありとあらゆる記憶はこのダークサイドを生みます。そして、これは恋愛観に大き

な影響を及ぼします。魔女は多くの場合、**「理想の男性」の判定者人格**となります。女性が男性を無意識に値踏みする行為は、この無意識の中にいる魔女が行っていると言っても過言ではありません。魔女のお眼鏡にかなったものだけが、姫のところへ行ける。この防衛システムは恋愛においてかなりの障害になるわけですが、魔女は、姫（魂）を守ろうとしているだけです。ですが、その**魔女の本質すら理解し、受け止められる男性がいるとしたら。その人は貴女の運命の人です。**

仮面――自分の魂（本質）を隠す防衛の象徴

ペルソナ。物語では、ライラ姫は、魔女の仮面をかぶっていて、それが王子の情熱によりはがされていくわけですが、彼女が恥じてしまった、その女性の怒りや悲しみの側面もまた、彼女自身でもあります。もう待てないと思ってしまった彼女、ひどい男だと責める彼女、性をさらけだした羞恥に苦しみ、自分がいけないと罪悪感を持つ中で、恥をかかされたという意識もあったかもしれない。その葛藤すべてが魔女を生みましたが、王子はそれさえも美しいと肯定しました。闇（シャドウ）の肯定。彼女自身ができなかったことを、**王子が受け入れることで、姫は仮面で自分を隠す理由をなくしました。**だから仮面がはがれ、姫という魂が現れたのです。

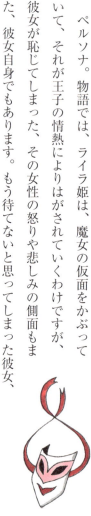

王子の旅は、お互いの体裁や立場の仮面を外し、「まごころ」を見せた時、真実の愛に触れることができると私たちに教えてくれます。王族の事情という体裁を脱いで、シリウスというひとりの男性が、ライラという女性のもとへと還る。ライラもまた、恐れと防衛の仮面を手放して、シリウスの愛を受け入れる。**2つの魂が信頼しあった時に安らぎはもたらされ、究極の相手をたぐり寄せ、抱きしめることができる**のです。

私たちも、最後に抱き合った、王子と姫のようになりたいですね。

グランディングの方法

このCDは潜在意識をキレイにする効果があり、その際に、皆様を**変性意識状態（トランス）**に誘います。そうすることではじめて潜在意識に情報を届けることができるからです。

この状態になると、人によって、ふわふわしたり、ぼーっとしたり、現実感がなくなったりする場合があります。それを**通常状態の、地に足がついた状態に戻すのがグランディングです。**普段から、上がりすぎた気を下ろしたり、興奮状態を落ち着かせるために役に立つので、日常の中でも取り入れると良いかもしれません。

このグランディング作業は、**CDを聴いた後にやっていただくことを強くおすすめします。**

1

姿勢良くイスに座ります(立っていても可)。足を肩幅に開き、手のひらが上に向いた状態で膝の上に乗せます。足の裏は地面についた状態にしてください。

2

ゆっくりと大きく息を吸って、吐いてをくり返し、リラックスした状態になったら、子宮のあたりに、ピンポン玉くらいの大きさの種を植えるイメージを作ります。

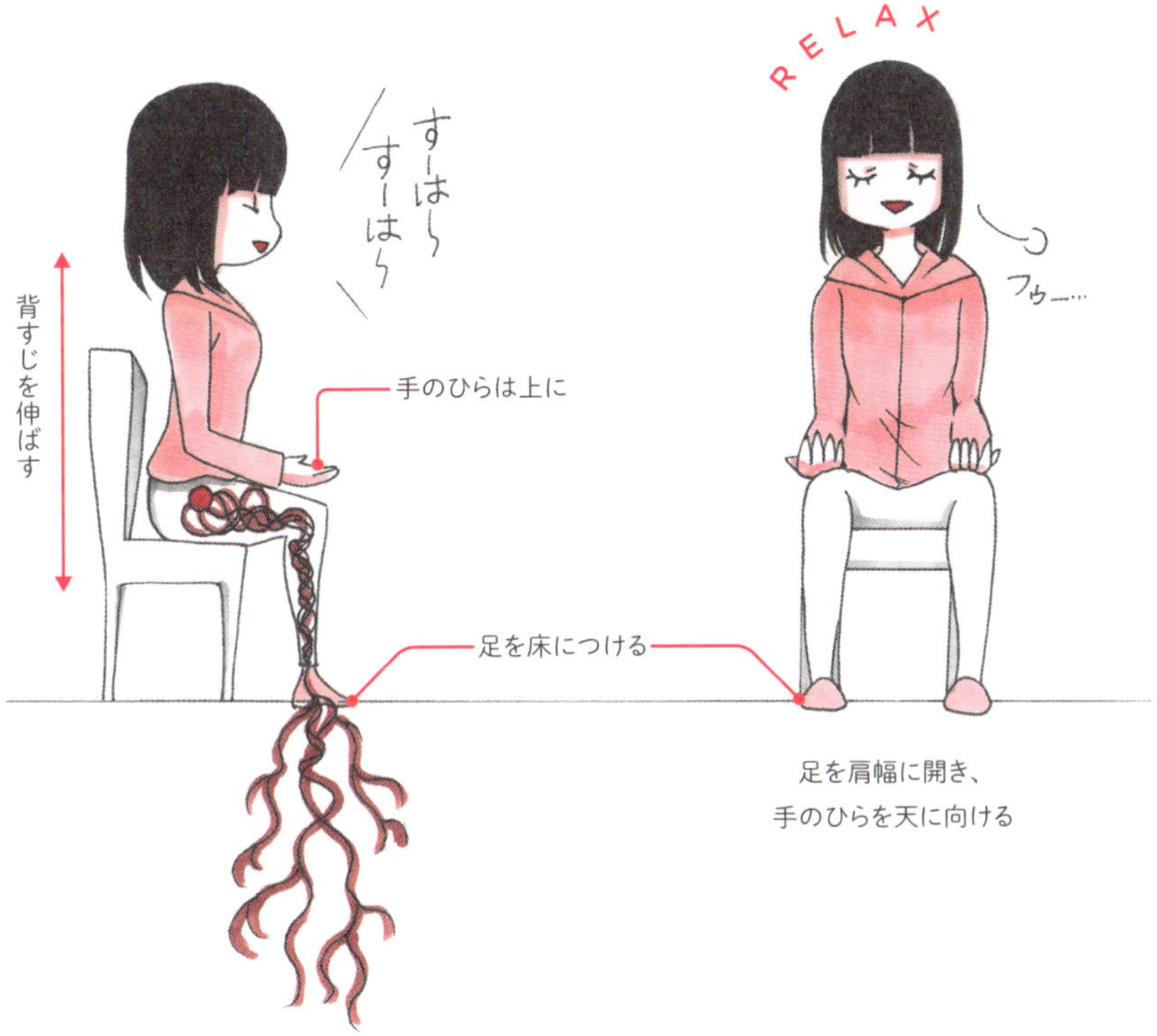
RELAX
フゥー…
足を肩幅に開き、
手のひらを天に向ける
すーはー
すーはー
背すじを伸ばす
手のひらは上に
足を床につける

3

その種から、太い立派な根っこが生えるのをイメージしてください。それが両足をつたい地面に向かって下りていき、ドリルのように地面を貫通し、地球の中心まで到達していきます。

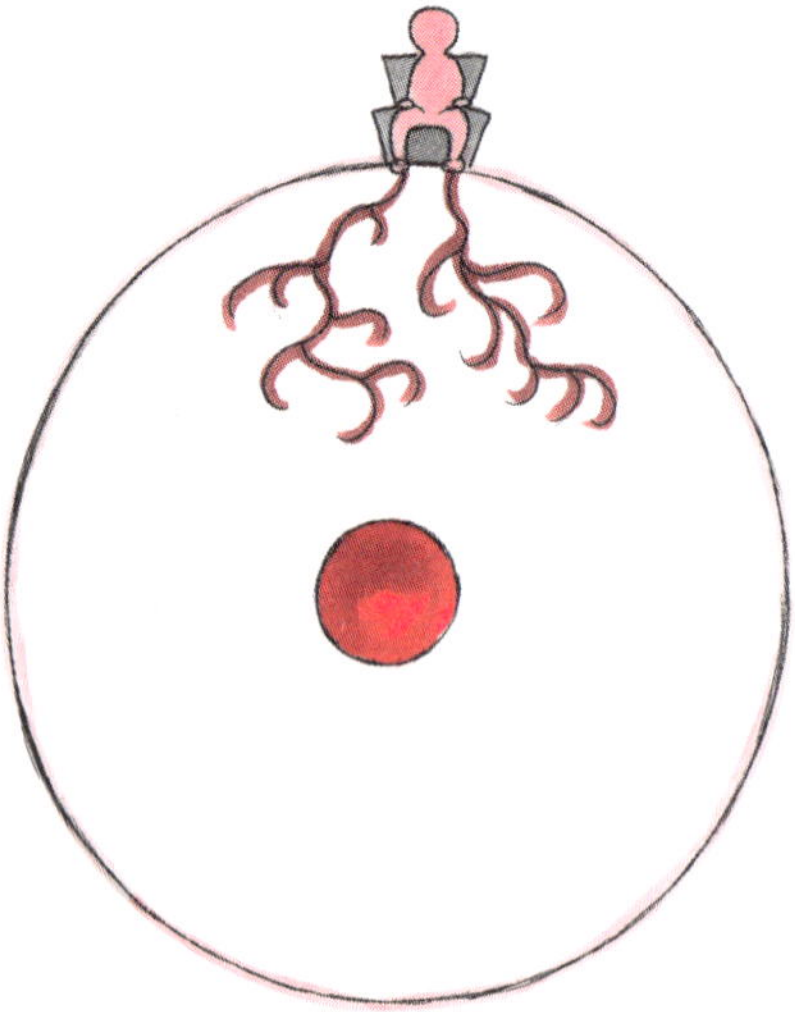

4

根っこが、地球の中心の核（コア）の部分に到達したら、そのコアを根っこでつかむイメージをしてください。

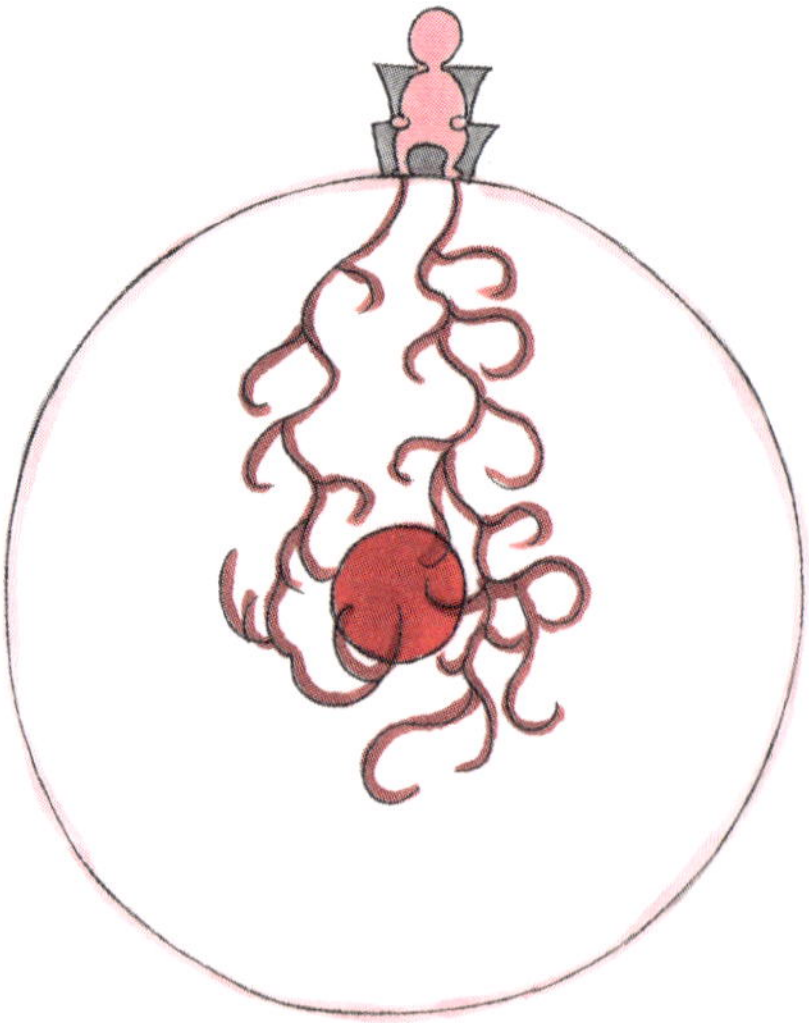

5

グランディングでは、風などで倒れないようにしっかりと地中に根ざすことに意味があります。上がった気が下りて、どっしりと地に足がついた感覚があれば成功です。ふわふわした感覚がある人は、それがなくなるまでこの作業を続けてください(最初は実感がなくても続けてみてください)。

6

次に、頭のてっぺんから光の筒が天に伸びているのをイメージしてください。その光の筒が、マラソンのバトンぐらいの太さになるように、イメージングしながら手で輪を作り調節してください。

想像の中で、下の絵のようなエネルギーの状態であれば、完了です。

あとがき

運命の人は、本当はたくさんいる

この度は、『運命の人をたぐり寄せる　恋愛セラピーCDブック』を読んでいただき、ありがとうございました。イースト・プレス様とのご縁がありまして、皆様に良縁をたぐり寄せていただくべく、この本を書かせていただきました。

恋愛に限らず、仕事も、友人も、どんな人間関係も、「運命の人」の基準は同じです。

波動(精神レベル)が合うかどうか。

成長できる仲かどうか。

波動が合わなくなれば、運命の人だった相手も、残念ながら外れてしまう場合もございます。何よりも自分を幸福にしてくれる運命の人は、一緒に向上、成長できる人なのです。

つまり結論から申し上げますと、運命の人だった人と別れることは、ございます。

この世に絶対はありません。と、いうのも、人が向上するか下降するか(進化するか、さぼるか)のコントロールを、神様はいたしません。しっかり学んで成長してほしいと思うので、気づきをもたらそうと現象を起こしますが、直感を殺し、サインを無視し続けたら、「はい。それまで。今世はたいしてレベルを上げないのね」と判断され、成長が遅いことを自由意志としてとらえ、神はその視点でサインを送るペースをゆるめ、見守ります。成長が遅れれば、個人の運気も停滞しますが、それは、時代〈宇宙(世界)のリズム〉に乗り遅れた現実以外の何ものでもありません。人の精神性のレベルと幸福度、愛の得方や感度は比例します。

この本では、メンタルブロックを外す作業を中心にご説明させていただきました。メンタルブロックを外すと、直感が正しく働き、結果的に、**精神的成長、成熟、向上**に繋がり、**精神レベルの高い人(波動の高い人)との縁**を引き寄せます。自分のレベルが高ければ、それ相応の人が運命の人になり、低ければ、それ相応の低い人が運命の人になります。レベル2はレベル2の人と。レベル35の人はレベル35の人と組みます。これはゲームの世界と同じですし、幸福度も自己実現も、恋愛においての愛の交換や感じ方も、精神レベルですべてが決まります。

幸せになりたい、幸せな恋愛をしたいと思うなら、とにかく自分を成長させること。そして、そのために必要なのが、メンタルブロックを外して、いかにたくさんの「大切なこと」、つまりは「真理」に気づいていくかということなのです。

精神レベル、恋愛の質の上げ方、どこまで自分を向上させていくかは、各個人の自由です。その人がどこを目指しているのか、その価値観にもよります。ただ、1つ言えるのは、精神性のレベルが向上したほうが、自分も他人も幸せになり、その人数が増えれば、より「優しさ」「思いやり」「品性」のある世界が創れると私は考えます。精神性の高い人同士で繋がり、皆様がより幸福度の高い恋愛体験をして、幸せになってくだされば、私は本望でございます。

私はカウンセラーとして、精神向上はもちろん、メンタルブロックを外すお手伝いをしております。個人セッションなども行っておりますので、わからないことがあれば、お気軽にブログなどでお声がけください。皆様各個人のレベルに合わせた「気づき」を促すお手伝いができたら幸いです。

皆様が多くの「幸せ」を体験できますように。

加ヶ美敬子

加ヶ美敬子✣かがみ・たかこ

深層心理分析家。カウンセラー。シャーマン。心理学、哲学、神秘学などを学問として取り入れた独自の方程式によって、個人や企業の運気好転の指導、芸術分野の才能開花などを請け負う。恋愛コンサルタントとしては、結婚、離婚、家族問題、DV、不倫、セックスレスなどの相談も受ける。セラピーにおいては、ユングの心理分析やイメージ療法を使い、トラウマや精神的ブロックを外し、幸せへと導いている。2017年からは、元々の本職であった漫画家や音楽家としての活動も再開。自らがプロデュースを手がけた美容本『1日2分でマシュマロ美乳！』（田家麻生著／イースト・プレス刊）では、漫画執筆も担当。

♥HP —— https://kagamitakako.wixsite.com/kagami
♥Blog —— https://ameblo.jp/kagami-takako

［ドラマCD］

♥キャスト

シリウス王子 —— CV：福山潤
ライラ姫・魔女 —— CV：伊藤静
王様・ナレーション・魔物 —— CV：最上嗣生
リス・老婆 —— CV：古城門志帆

♥プロデュース —— 加ヶ美敬子

♥協力 —— 株式会社 賢プロダクション
BLACK SHIP 株式会社

［Special thanks］

野村道子

運命《うんめい》の人《ひと》を♥たぐり寄《よ》せる

恋《れん》愛《あい》セラピーCDブック

2019年2月21日　第1刷発行

著者
加《か》ヶ《が》美《み》敬《たか》子《こ》

装丁・本文DTP
小沼宏之

編集
齋藤和佳

発行人
堅田浩二

発行所
株式会社イースト・プレス
〒101－0051
東京都千代田区神田神保町2-4-7 久月神田ビル
TEL03-5213-4700　FAX03-5213-4701
http://www.eastpress.co.jp/

印刷所
中央精版印刷株式会社

ISBN978-4-7816-1745-9 C0030